"Meditation is the key for opening the doors of mysteries."

Abdú'l-Bahá

The Persian Alphabet

We want to simplify your Persian learning journey as it is such a unique & enigmatic language. There are 32 official Persian letters. The letters change form depending on their position in a word or when they appear separate from other letters. For example, the letter ghayn غ has four ways of being written depending on where it appears in any given word:

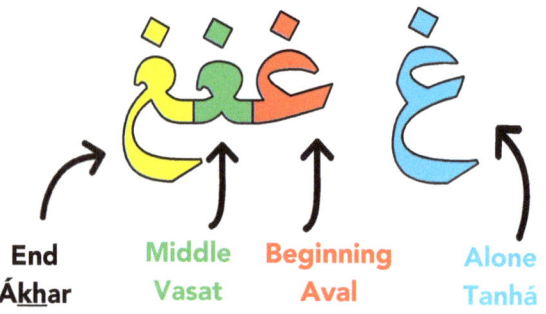

End
Ákhar

Middle
Vasat

Beginning
Aval

Alone
Tanhá

It is important to note that Persian books are read from right to left (←). There are 7 separate/stand-alone letters that do not connect in the same way to adjacent letters (these will be depicted in blue). They are:

Stand alone
Tanhá vámístan

The short vowels a, i & u are usually omitted in literature and are depicted by markings above & below letters (ـَـ). They are not allocated a letter name, unlike their long vowel counterparts á: alef, í: ye & ú: váv (و ی آ).

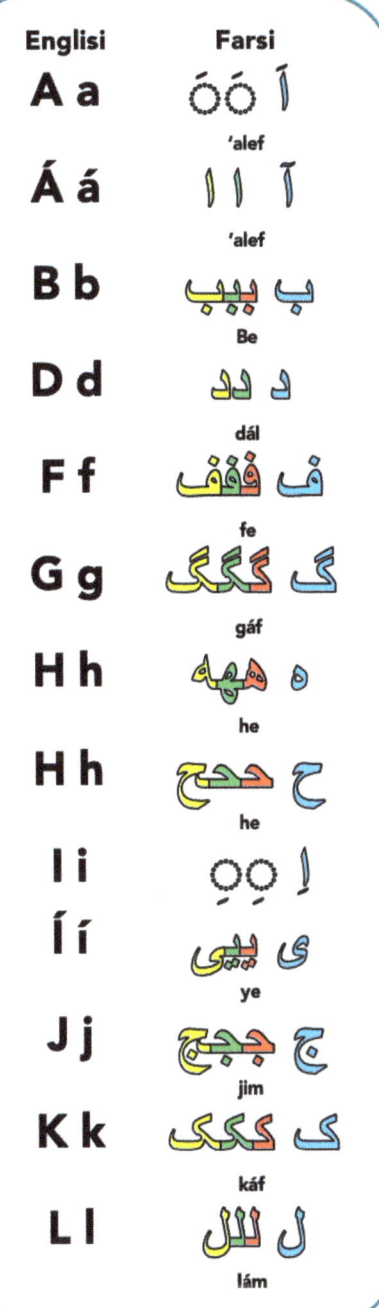
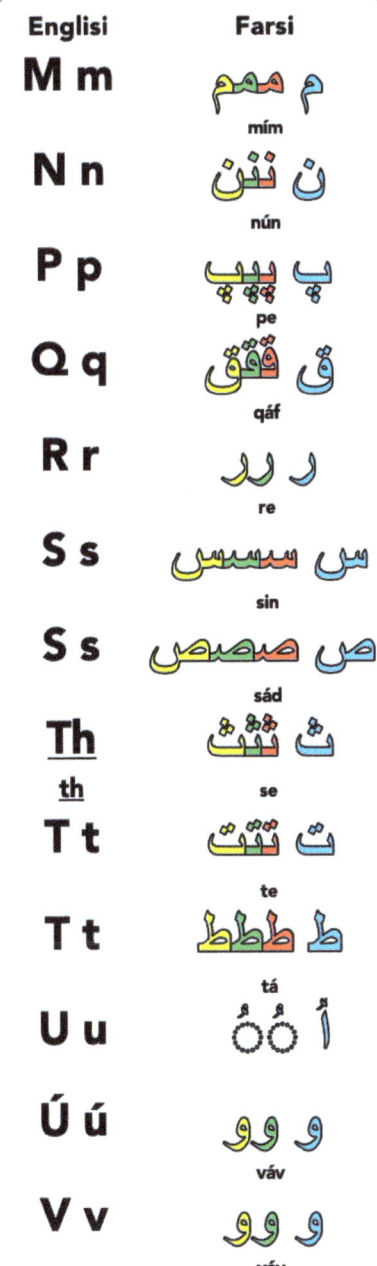
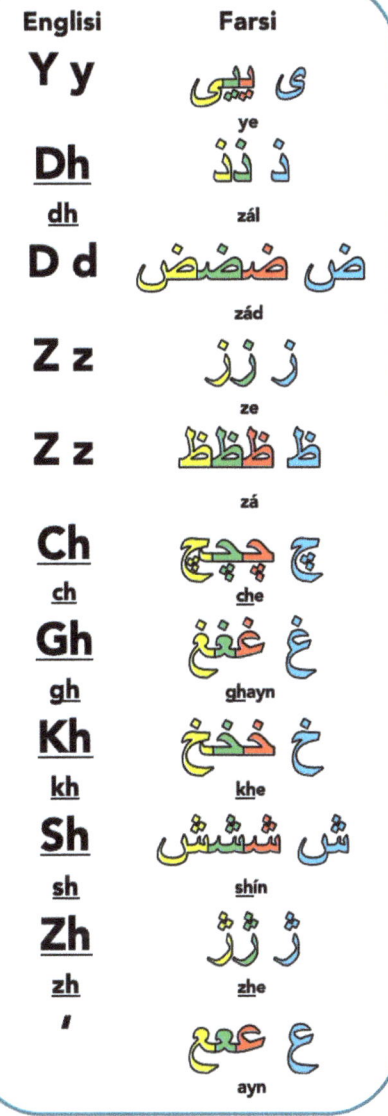

Letter Guide©

آری عَلیا وَ اَمیلیا
**May you always find
comfort & solace in the Divine.**

User Guide

Farsi	Englisi	Pronunciation
اَ	a	<u>a</u>nt
آ	á	<u>a</u>rm
ب	b	b<u>a</u>t
د	d	<u>d</u>og
ف	f	<u>f</u>ast
گ	g	<u>g</u>o
ه	h	<u>h</u>at
ح	h	<u>h</u>at
اِ	i	b<u>e</u>st
ی	í	m<u>ee</u>t
ج	j	<u>j</u>et
ک	k	<u>k</u>ey
ل	l	<u>l</u>ove
م	m	<u>m</u>int
ن	n	<u>n</u>ap
پ	p	<u>p</u>at
ق	q*	me<u>r</u>ci
ر	r	<u>r</u>un
س	s	<u>s</u>and
ص	s	<u>s</u>and
ث	s	<u>s</u>and

Farsi	Englisi	Pronunciation
ت	th	<u>t</u>ool
ط	t	<u>t</u>ool
اُ	u	sh<u>o</u>rt
و	ú	m<u>oo</u>n
و	v	<u>v</u>erb
ی	y	<u>y</u>es
ذ	dh	<u>z</u>ero
ض	d	<u>z</u>ero
ز	z	<u>z</u>ero
ظ	z	<u>z</u>ero
چ	ch	<u>ch</u>air
غ	gh*	me<u>r</u>ci
خ	kh*	ba<u>ch</u>
ش	sh	<u>sh</u>are
ژ	zh	plea<u>s</u>ure
ع	ʻ	uh-oh†

* guttural sound from back of throat
† Glottal stop, breathing pause

Vowels

Farsi	Englisi	Pronunciation
اَ	a	<u>a</u>nt
آ	á	<u>a</u>rm
اِ	i	b<u>e</u>st
ی	í	m<u>ee</u>t
اُ	u	sh<u>o</u>rt
و	ú	m<u>oo</u>n

هُوَ الله خُدایا

هِدایَت نَما

حِفظ فَرما

سِراجِ روشَن کُن

سِتارهٔ دِرَخشَنده نَما

توئی مُقتَدِر

وَ تَوانا.

ع ع

O God,

هُوَ الله خُدایا,

Guide me,

هِدایَت نَما

Protect me,

حِفظ فَرما

make of me a shining lamp

سِراجِ روشَن کُن

and a brilliant star.

ستاره‌ٔ درخشنده نما

Thou art the Mighty

تویی مُقتَدِر

and the Powerful.

وَ تَوانا. ع ع

"O God,
guide me,
protect me,
make of me a shining lamp
and a brilliant star.

Thou art the Mighty
and the Powerful."

Abdú'l-Bahá

هُوَ اللهُ خُدَايَا

هِدَايَتْ نَما

حِفظ فَرما

سِراجِ روشَن کُن

سِتارهٔ دِرَخشَندهِ نَما

_____

تویی مُقتَدِر

_____

وَ ثَوَانا.

ع ع

---

www.ingramcontent.com/pod-product-compliance
Lightning Source LLC
Chambersburg PA
CBHW061136010526
44107CB00068B/2963